Ländliche Weihnachtszeit

Die allerschönste Zeit des Jahres ist die Weihnachtszeit. Die Tage werden kürzer und man sitzt häufiger zusammen um die festliche Stimmung zu genießen. Liebevolle Dekorationen gehören genauso dazu, wie Plätzchen und Kerzenlicht.

Dieses Buch bietet Ihnen eine große Auswahl an weihnachtlichen Dekorationen für das ganze Haus.

Holen Sie sich etwas Holz, eine Laub- oder Dekupiersäge, etwas Farbe und schon kann der Sägespaß beginnen.

Ich wünsche Ihnen eine schöne, stimmungsvolle Weihnachtszeit!

Ihre Monika Gänsler

MATERIAL UND WERKZEUGE

Folgende Materialien und Werkzeuge werden für fast jedes der hier im Buch gezeigten Modelle benötigt.

- Pappelsperrholz, 4 mm, 6 mm, 8 mm und 1 cm stark
- Leimholz, 1,8 cm und 2,8 cm stark
- Bleistift
- Radiergummi
- Schneiderkopierpapier (ggf. auch Kohlepapier)
- Transparentpapier
- Klebefilm
- Laub- oder Dekupiersäge (mit Sägeblättern für Holz)
- Schmirgelpapier, z. B. mit einer Körnung von 80 und 120
- evtl. Schraubzwinge oder Einhandzwinge
- evtl. Feile
- matte Acryl- oder Bastelfarbe
- breiter Borstenpinsel
- schmaler Pinsel
- dünner, wasserfester Permanentmarker in Schwarz und Lackmalstift in Weiß (für die Augen und Zähne)
- evtl. Ellipsenschablone (für die Augen)
- evtl. Sprühlack
- UHU Alleskleber kraft
- Heißklebepistole
- geglühter Draht, ø 0,35 mm, 0,65 mm und 1,4 mm
- Holzschrauben, Senkkopf, ø 3,5 mm, 3 cm lang (für das Anschrauben der Standflächen)
- Bohrer (Spiralbohrer), ø 1,5 mm, 2 mm, 3 mm, 4 mm, 6 mm und 8 mm
- Bohrmaschine oder Akkuschrauber
- Seitenschneider
- spitze Rundzange
- Hammer
- mittelgroße, spitze Schere
- evtl. Cutter mit Schneideunterlage

Hinweise: Als „Rest" wird immer ein Holzstück bezeichnet, das maximal A5 groß ist.

Der 1,4 mm starke Bindedraht ist unter dem Namen „Rödeldraht" im Baustoffhandel erhältlich!

So geht es

1 Zuerst alle Motivteile auf das Sperrholz übertragen. Dazu das Schneiderkopierpapier (mit der beschichteten Seite nach unten) auf das Sperrholz legen, darüber die Vorlage platzieren und die Konturen mit einem Bleistift oder Kugelschreiber nachziehen. Zusätzliche Einzelteile (wie z. B. die Mützenkante auf Seite 7) werden mit etwas Abstand zum Grundmotiv auf das Sperrholz übertragen. Darauf achten, dass die Teile nicht überlappen.

2 Alle Teile mit einer Laub- oder Dekupiersäge aussägen. Die Kanten sorgfältig mit Schmirgelpapier glätten. Für das Aussägen innen liegender Bereiche (siehe Seite 1 das Herz) zunächst ein großes Loch in die Fläche bohren (Bohrer mit ø 6 mm), das Sägeblatt durchführen und die Fläche aussägen.

Hinweis: Die Bohrer, die Sie jeweils zum Vorbohren benötigen, sind in den Materiallisten mit aufgeführt.

2

3

3 Alle Teile wie abgebildet bemalen und trocknen lassen. Für einen transparenten Anstrich die Farbe stark mit Wasser verdünnen. Kräftige Farbakzente mit unverdünnter Farbe aufmalen. Danach die Augen und Innenlinien mit einem dünnen schwarzen Permanentmarker ergänzen. Für das Weiß der Augen wird bei einigen Modellen ein weißer Lackmalstift verwendet. Zum Schluss alle benötigten Löcher bohren und die Teile wie in der jeweiligen Anleitung beschrieben zusammensetzen. Für den Außenbereich das Motiv mit wetterfestem Lack besprühen.

Tipps & Tricks

Verwenden von Schablonen

Die Umrisslinien können auch mit einer Schablone auf das Sperrholz übertragen werden. Dazu mit einem Bleistift das Motiv auf Transparentpapier ohne Überschneidungen abpausen. Dann das Transparentpapier auf dünnen Karton kleben und die abgepausten Motivteile ausschneiden. Fertig sind die Schablonen, die dann auf das Holz, den Filz oder den Stoff gelegt und mit einem Bleistift oder Kugelschreiber umfahren werden können.

Sperrholz

Das Sperrholzstück bzw. Leimholzstück sollte nicht zu knapp bemessen sein. Die in diesem Buch genannten Maße sind Mindestangaben. Ein etwas größeres Stück lässt sich beim Aussägen besser festhalten und ist dadurch sicherer und leichter zu handhaben. Pappelsperrholz eignet sich besonders gut für Laubsägearbeiten. Statt 1 cm starkem Sperrholz kann auch etwas dünneres Material verwendet werden.

Drahtlocken

Schöne Drahtlocken erhält man, wenn die Drahtenden um einen runden Gegenstand gewickelt werden, z. B. um einen Pinsel.

Hübsche Stoffe

Patchworkstoffe eignen sich sehr gut für das Ausschmücken der Motive.

Tipps & Tricks

Befestigung auf der Bodenplatte

Die Unterkante der Figur, die die Standfläche berührt, sollte so exakt wie möglich gearbeitet sein. Unebenheiten bringen die Figur zum Kippen. Besonders bei großen Figuren kann es sinnvoll sein, die Figur auf der Bodenfläche festzuschrauben. Dazu ein oder zwei Löcher (ø 4 mm) im Bereich der Befestigungsfläche in die Bodenplatte bohren. Dann die Position der Löcher an der Unterkante der Figur markieren und dort die entsprechenden Löcher (ø 2 mm) vorbohren. Die Figur von unten durch die Bodenfläche festschrauben.

Figuren bemalen

- Um ein Ineinanderlaufen der Farben zu vermeiden, sollte jede Farbe völlig trocken sein, bevor die nächste aufgetragen wird. Wird beim Bemalen zufällig eine Innenlinie übermalt, ist das nicht weiter schlimm. In diesem Fall einfach die Motivvorlage auf Transparentpapier übertragen, die Linien auf der Rückseite mit Bleistift nachziehen und dann das Transparentpapier auf das bereits bemalte Motiv legen. Beim erneuten Nachfahren der Linien überträgt sich der Bleistift-Grafit von der Rückseite des Transparentpapiers. Dann die Innenlinien mit dem schwarzen Stift nachziehen.

- Manchmal ist es einfacher, die schwarzen Innenlinien vor dem Ankleben der Einzelteile aufzumalen. Für Augen und Nasen evtl. eine Ellipsen- oder Kreisschablone verwenden. Das Weiß der Augen wird mit weißer Acrylfarbe oder einem weißen Lackmalstift aufgetragen. Die meisten Wangenflecken und Nasen erhalten noch einen kleinen weißen Pinselstrich.

Motivrückseite

Bei einigen Motiven lässt sich die Rückseite genauso hübsch wie die Vorderseite gestalten. Dazu müssen alle Einzelteile, die aufgeklebt werden, ein zweites Mal ausgesägt werden. Danach die Innenlinien spiegelverkehrt auf die Motivrückseite übertragen. Dazu alle Linien des Motivs mit einem weichen Bleistift auf Transparentpapier nachzeichnen und dieses mit der Vorderseite nach unten auf das bereits ausgesägte Motiv legen. Nun die aufgezeichneten Innenlinien nachfahren. Dabei zeichnet sich der Grafit der Bleistiftlinien auf dem Sperrholz ab.

Verwenden von Krakelier-Lack

Wenn das Motiv antik wirken soll, wird Krakelier-Lack verwendet. Er sorgt für feine Risse und die Farbe wirkt alt. Als erstes die ausgesägten und gesäuberten Holzteile mit der gewünschten Grundfarbe grundieren und trocknen lassen. Dann die Teile mit Krakelier-Lack bestreichen, wieder trocknen lassen und alles mit der gewünschten Farbe bemalen. Die Farben zügig und möglichst in einer Richtung auftragen. Die kleinen Risse werden relativ schnell sichtbar.

Aussägen innen liegender Flächen

Beim Aussägen innen liegender Flächen ist zu prüfen, ob die Dekupiersäge oder die Laubsäge benutzt werden kann.
Um mit der Dekupiersäge arbeiten zu können, benötigt man je nach Modell ein größeres Loch zum Durchfädeln und Arbeiten. Ist dieses nicht möglich, muss eine Laubsäge verwendet werden.

Wir halten die Bücher

→ ein schönes Geschenk für Leseratten

MOTIVHÖHE
stehender Elch ca. 16 cm

MATERIAL

- Sperrholzrest, 6 mm stark
- Sperrholz, 1 cm stark, 50 cm x 40 cm
- Acrylfarbe in Weiß, Olivgrün, Hellbraun, Mittelbraun, Dunkelbraun, Weiß (Wangen und Schneeflächen) und Lachsrot
- 8 Holzschrauben, Senkkopf, ø 3,5 mm, 3 cm lang
- 2 Metallglöckchen in Silber, ø 1,1 cm
- Bindedraht, ø 0,35 mm
- Strukturschnee, grob
- 2 Stoffstreifen, 2,5 cm x 16 cm
- Bohrer, ø 1,5 mm, 2 mm und 4 mm

VORLAGENBOGEN 4B

1 Die Geweihe aus dem dünnen, die Elche, die Tannen und die Schneeflächen aus dem dicken Sperrholz aussägen. Für das Aussägen der Zwischenflächen zwischen den Beinen bzw. den Beinen und Armen ein Loch (ø 3 mm) in die auszusägende Fläche bohren und das Sägeblatt der Laubsäge durchfädeln.

2 Alle Teile wie abgebildet anmalen. Die Gesichter gestalten und alle Innenlinien ergänzen. Alle Löcher laut Vorlagenbogen bohren. Die Tanne und die Schneefläche im rechten Winkel zueinander festschrauben und den zusammengesetzten Elch mit Metallglöckchen auf die Buchstütze schrauben. Die zweite Stütze genauso anfertigen. Den Elchen einen Stoffschal um den Hals binden und die Schneefläche mit Strukturschnee verzieren.

Eine kleine Pause muss sein

→ ein Weihnachtswichtel unterwegs

MOTIVHÖHE
ca. 25 cm

MATERIAL
- Sperrholzrest, 4 mm stark
- Sperrholz, 1 cm stark, 36 cm x 26 cm
- Acrylfarbe in Weiß, Antikblau, Hautfarbe, Klassikrot (Struktur), Metallic-Gold, Olivgrün, Banane, Zinnoberrot, Hausergrün, Honiggelb, Mittelbraun, Hellbraun und Immergrün (Struktur)
- Bindedraht, ø 0,35 mm
- Plusterstift in Weiß
- Stoffrest, 2 cm x 2 cm
- Metallglöckchen in Gold, ø 9 mm
- Strukturschnee und Strukturschnee grob
- Bohrer, ø 1,5 mm und 3 mm

VORLAGENBOGEN 1A

1 Die Sterne, die Äpfel, den Bären samt Tasche und den zusätzlichen Mützenrand aus dem dünnen, den Wichtel samt Holzstumpf, die Tanne und die Bodenfläche aus dem dicken Sperrholz aussägen. Den Zwischenraum zwischen Bein und Hand mit der Laubsäge aussägen. Dazu ein Loch (ø 3 mm) in die auszusägende Fläche bohren und das Sägeblatt durchfädeln.

2 Alle Teile wie abgebildet anmalen, das Gesicht gestalten und alle Innenlinien aufmalen. Die Strümpfe mit dem weißen Lackmalstift streifen. Die Bohrung ausführen. Der Wichtel bekommt den Mützenrand und den Stoffflicken aufgeklebt. Den Bären samt Tasche und die Äpfel ergänzen.

3 Die große Tanne mit den Sternen bekleben. Den Mützenrand und den Pelzrand des Mantels mit Strukturschnee betupfen. Nach dem Trocknen das Metallglöckchen an die Mützenspitze andrahten. Den Wichtel und die Tanne auf der Bodenfläche befestigen und diese mit dem groben Strukturschnee verzieren.

Eine niedliche Engelsschar

→ auch einzeln zauberhaft

MOTIVHÖHE
großer Engel ca. 19 cm

MATERIAL

- Sperrholzrest, 4 mm stark
- Sperrholz, 1 cm stark, 32 cm x 25 cm
- Acrylfarbe in Banane, Honiggelb, Englisch-Senf, Hautfarbe, Terrakotta, Lachsrot, Antikgrün, Metallic-Gold, Weiß, Antikblau und Hellgrau
- Rundholz, ø 4 mm, 14 cm (Stock) und 7 x 2 cm (Hälse und Beine) lang
- Knopf in Perlmutt, ø 1,1 cm
- Bindedraht, ø 0,35 mm
- 3 Stoffstreifen, je 1 cm x 12 cm
- Filzreste in Blau meliert und Rot meliert
- Iris-Flitter
- Bohrer, ø 1,5 mm, 2 mm (zum Vorbohren der Hälse und Beine) und 4 mm

VORLAGENBOGEN 1A

1 Die Flügel, die Zuckerstange und den Stern aus dem dünnen, die Köpfe, die Körper, die Knie, die Füße und die Standflächen aus dem dicken Sperrholz aussägen. Die Rundholzstücke zuschneiden.

2 Alle Sperrholzteile wie abgebildet anmalen. Die Haare der Engel erst anmalen, wenn die anderen Farben trocken sind. Auf die feuchte, dick aufgetragene Farbe Iris-Flitter streuen. Nach dem Trocknen alle Innenlinien aufmalen, die Gesichter gestalten und die mithilfe einer Schablone zugeschnittenen Filzteile aufkleben. Bei der Tasche nur den Rand mit Kleber einstreichen, damit später noch die Zuckerstange hineingesteckt werden kann.

3 Die Löcher für die Hälse und Beine bohren, durch den Stern ein kleines Loch von vorne bohren und mit Bindedraht an das Rundholzstück drahten. Die Hälse anbringen, die Beine in die entsprechenden Bohrungen stecken und weiß anmalen. Nach dem Trocknen den jeweiligen Kopf aufstecken.

4 Der sitzende Engel erhält seine Beine samt Füße und Kleiderteil. Darauf achten, dass alles genau senkrecht aufgeklebt wird. Den Knopf aufkleben, vorher etwas Bindedraht durch die Löcher fädeln, vorne verzwirbeln und die Drahtenden locken.

5 Alle Engel bekommen ihre Flügel, ein Engel erhält den Rundholzstab samt Stern von hinten angeklebt. Die beiden Engel auf der Standfläche fixieren und jedem Engel einen Stoffstreifen um den Hals binden.

Puh, ist das kalt

→ einfach niedlich

1 Den Pompon, den Mützenrand, die Nase, den Schal, zusätzlich das Schalteil, beide Äste, den Vogel, die Tanne, das Gebäck, die Sterne und die zusätzliche Dachkante aus dem dünnen, den Schneemann samt Arme, das Vogelhaus und die Bodenfläche aus dem dicken Sperrholz aussägen.

2 Alle Sperrholzteile wie abgebildet anmalen. Nach dem Trocknen alle Gesichter gestalten und die Innenlinien aufmalen. Mit einem weißen Lackmalstift das Lebkuchenmännchen bemalen. Die Bohrungen ausführen.

3 Mithilfe einer Schablone die Filztasche zuschneiden. Die Tasche mit Kammzwecken festnageln. Dazu ein Stückchen Rundholz unter den Filz legen und dann die Filztasche annageln. So erhält man eine bauchige Filztasche. Vorher jedoch die Tanne fixieren.

4 Der Schneemann bekommt den Pompon, den Mützenrand, die Nase, den kompletten Schal und beide Äste aufgeklebt. Auf das Vogelhäuschen die zusätzliche Dachkante aufkleben. Etwas Gestrüpp mit dünnem Bindedraht umwickeln, die Drahtenden locken und unter das Einflugloch kleben.

5 Mit einem Plusterstift in Weiß die Mütze punkten und den Schal mit Sternchen verzieren. Den Pompon, den Mützenrand und die Äste mit Strukturschnee betupfen. Den Vogel mit dünnem Bindedraht unter den Ast hängen. Den dicken Bindedraht in Form biegen und die Sterne auf den liegenden Draht kleben. Ein Drahtende durch die Bohrung stecken, verzwirbeln und das Drahtende locken.

6 Den Schneemann und das Vogelhäuschen auf der Bodenfläche fixieren und diese ebenfalls mit Strukturschnee ausschmücken. Die Filztasche mit dem Lebkuchengebäck füllen.

MOTIVHÖHE
ca. 40 cm

MATERIAL

- Sperrholz, 6 mm stark, 35 cm x 30 cm
- Sperrholz, 1 cm stark, 40 cm x 60 cm
- Acrylfarbe in Weiß, Zartblau, Mandarine (Struktur), Zinnoberrot, Immergrün (Struktur), Lindgrün, Mittelbraun, Hellbraun, Dunkelbraun, Antikblau, Terrakotta, Hautfarbe, Metallic-Gold, und Englisch-Blau (Struktur)
- Filzrest in Grün kariert
- 13 Kammzwecken (kleine Nägel), ø 1,4 mm, 1 cm lang
- Plusterstift in Weiß
- Strukturschnee, grob
- Bindedraht, ø 0,35 mm und 0,65 mm
- etwas Gestrüpp
- evtl. 2 Holzschrauben, Senkkopf, ø 3,5 mm und 3 cm lang (zum Festschrauben auf der Standfläche)
- Bohrer, ø 1,5 mm (2 mm und 4 mm zum Vorbohren)

VORLAGENBOGEN 1B

MOTIVHÖHE
Josef ca. 10 cm
Stall ca. 23 cm

MATERIAL FIGUREN

- Sperrholzrest, 4 mm stark
- Sperrholzrest, 6 mm stark
- Sperrholz, 1 cm stark, 30 cm x 50 cm
- Acrylfarbe in Hautfarbe, Weiß, Lachsrot, Schwarz, Antikolive (Struktur), Antikgrün, Antikblau, Beige, Terrakotta, Hellgrau, Honiggelb und Englisch-Senf
- Paketschnur, ø 1,7 mm
- Bindedraht, ø 1,4 mm
- Bohrer, ø 1,5 mm und 2,5 mm

STALL

- Sperrholz, 4 mm stark, 30 cm x 35 cm
- Sperrholz, 1 cm stark, 45 cm x 35 cm
- Acrylfarbe in Englisch-Senf und Antikolive (Struktur) und Metallic-Gold (Stern)
- 4 Holzschrauben, Senkkopf, ø 3,5 mm, 3 cm lang
- etwas Heu
- etwas Stroh
- Bohrer, ø 2 mm, 4 mm und 6 mm

VORLAGEN-BOGEN 1B+2A

Weihnachtskrippe

→ sorgt für Stimmung

Figuren

1 Josef, Maria, die Krippe, beide Schafe, den Körper des Ochsen und des Esels und die Standflächen aus dem dicken, den Kopf des Ochsen und des Esels aus dem mittleren, die Ohren der Schafe und zusätzlich Marias Umhang aus dem dünnen Sperrholz aussägen.

2 Alle Holzteile wie abgebildet anmalen. Alle Gesichter gestalten und die Innenlinien ergänzen. Die Bohrungen ausführen. Maria den zusätzlichen Umhang aufkleben. Dem Esel und dem Ochsen den Kopf, den Schafen die Ohren aufkleben. Jeweils einen Schwanz aus Paketschnur anbringen und das Paketschnurende etwas aufzwirbeln.

3 Alle Figuren auf der entsprechenden Standfläche fixieren. Josefs Stab aus dickem Draht durch die seitliche Bohrung der Hand stecken.

Stall

1 Die Dachteile und den Stern aus dem dünnen, die Rückwand und beide Seitenteile aus dem dicken Sperrholz aussägen. Die Fensteröffnungen aussägen. Dazu ein Loch (ø 6 mm) in die Fläche bohren und das Sägeblatt durchfädeln.

2 Alle Teile wie abgebildet anmalen. Alle Bohrungen ausführen und den Stall zusammenschrauben. Die Dachteile zusammenstecken und auf die Stallwände leimen. Mit Heißkleber die Dachflächen mit Stroh bekleben. Abschließend den Stall mit Heu auspolstern.

Hinweis: Stellen Sie hinter jedes Fenster ein Teelicht. So leuchtet der Stall im Kerzenschein. Die Teelichter jedoch niemals unbeaufsichtigt brennen lassen!

Adventskalender

→ kann den ganzen Winter ein Plätzchen finden

MOTIVHÖHE
ca. 50 cm

MATERIAL

- Sperrholzrest, 6 mm stark
- Sperrholz, 1 cm stark, 80 cm x 80 cm
- Acrylfarbe in Antikblau, Lachsrot, Mittelbraun, Hellbraun, Hellgrau, Weiß, Schwarz, Terrakotta, Metallic-Gold und Antikgrün
- Krakelier-Lack
- Metallglöckchen in Gold, ø 1,5 cm
- 4 Schraubscharniere, 1,2 cm x 2,5 cm
- 3 Stoffstreifen, 5 cm x 20 cm (pro Teil)
- Bindedraht, ø 0,35 mm und 0,65 mm
- evtl. Bastfasern in Natur
- evtl. Fotokarton in Gelb
- evtl. Geschenkpapier
- 18 Holzschrauben, Senkkopf, ø 3,5 mm, 3 cm lang
- Bohrer, ø 1,5 mm, 2 mm und 4 mm

VORLAGENBOGEN 3A+3B

1 Die Tanne, den Stern und das Herz aus dem dünnen, die Elche, die Geweihe, die Füße und die Bauchläden aus dem dicken Sperrholz aussägen.

2 Alle Sperrholzteile antikblau grundieren, trocknen lassen, mit Krakelier-Lack bestreichen, nochmals trocknen lassen und dann wie abgebildet anmalen. Die Gesichter gestalten, die Bohrungen vornehmen und die Köpfe samt Geweih am Rumpf fixieren. Die Geweihe vorher gemäß Vorlage verzieren.

3 Das Metallglöckchen mit dem dicken Bindedraht andrahten. Die Bauchläden anbringen und die Elche mit Scharnieren aneinanderschrauben. Die Fußteile anschrauben.

4 Jedem Elch ein Stück Stoff mit Heißkleber an den Hals kleben. Dazu den Stoffstreifen doppelt legen und ca. 1 cm von der Knickstelle entfernt mit dünnem Bindedraht fixieren.

5 Die kleinen Geschenke in Geschenkpapier einpacken, mit einer Bastschleife verzieren und einen beschrifteten Fotokartonstern anbinden.

Jamaika Rum

Weihnachtliches Türschild

→ schmückt die Eingangstür

MOTIVHÖHE
ca. 35 cm

MATERIAL
- Sperrholz, 4 mm, 20 cm x 28 cm
- Sperrholz, 1 cm stark, 25 cm x 25 cm
- Acrylfarbe in Hellbraun, Metallic-Gold, Terrakotta, Mittelbraun, Hautfarbe, Weiß, Antikgrün, Tannengrün, Antikblau, Lindgrün, Lachsrot, Honiggelb und Zartblau
- 3 Rohholzhalbkugeln, ø 8 mm
- 2 Rohholzhalbkugeln, ø 6 mm und 1 cm
- Plusterstift in Gold
- Strukturschnee
- Bindedraht, ø 0,35 mm
- Paketschnur, ø 1,7 mm
- Bohrer, ø 1,5 mm und 3 mm

VORLAGENBOGEN 2B

1 Die Nase, das Schnurbartteil, das Gesichts-, Hände-, Bart- und Zuckerstangenteil, den Handschuh des Hasen, die Mützenränder, das Lebkuchengebäck, die Tanne und die Sterne aus dem dünnen, das Schild samt Hasenkopf und Weihnachtsmannkopf aus dem dicken Sperrholz aussägen.

2 Alle Holzteile wie abgebildet anmalen. Nach dem Trocknen die Gesichter gestalten, alle Innenlinien aufmalen und den Schriftzug ergänzen. Der Hase bekommt den Mützenrand, die Nase und den Handschuh aufgeklebt. Der Weihnachtsmannkopf erhält das Gesicht-, Hände-, Bart- und Zuckerstangenteil, danach das Schnurbartteil und die Nase sowie die Ilexbeeren aufgeklebt. Die Mützenränder und den Pompon mit Strukturschnee betupfen.

3 Das Lebkuchenteil mit der Rohholzhalbkugel bekleben. Mit einem weißen Lackmalstift dem Lebkuchenmännchen die Verzierung aufmalen. Die Sterne, die Tanne, die Weihnachtsmannmütze und die Zuckerstange mit Plusterstift in Gold ausschmücken.

4 Alle Löcher bohren. Die Einzelteile mit dünnem Bindedraht unter das Schild hängen. Zum Aufhängen die Paketschnur durch das große Bohrloch fädeln und verknoten.

Merry
ChristMas

Weihnachtsmann

→ mit Teddy, Maus und Hund

1 Die Bartteile, das Gesicht-Bartteil, die Tasche samt Teddy, die Handschuhteile mit Pelzrand (1 x mit, 1 x ohne Jutesack), die Sterne, beide Herzen und die Tanne aus dem dünnen, den Weihnachtsmann, den Hund und die Bodenfläche aus dem dicken Sperrholz aussägen. Den Zwischenraum zwischen Bein und Sack aussägen. Dazu ein Loch (ø 6 mm) in die Fläche bohren und das Sägeblatt durchfädeln.

2 Die Rohholzhalbkugel und alle Sperrholzteile wie abgebildet anmalen. Die Gesichter gestalten und alle Innenlinien aufmalen. Die Bohrungen ausführen.

3 Der Weihnachtsmann erhält von vorne das Gesicht-Bartteil, die Nase, beide Bartteile, die Handschuhteile mit Pelzrand (1 x mit, 1 x ohne Jutesack) und die Tasche samt Teddy. Die kleinen Sterne ergänzen. Den Stoffflicken aufkleben, das Herz mit Bindedraht verzieren und auf den Flicken kleben.

4 Die Pelzränder mit Strukturschnee betupfen, die Strümpfe mit Plusterstift in Weiß streifen und eine Schleife aus Paketschnur auf die Tasche kleben. Auf jedes Ende eines Paketschnurstückes ein Holzteil (Tanne oder Herz) stecken und fixieren. Das Paketschnurstück mittig knicken und die Knickstelle in die seitliche Bohrung der Hand stecken. Evtl. einen Zahnstocher zu Hilfe nehmen.

5 Den großen Stern auf ein Stück dicken Bindedraht stecken, das andere Ende in die seitliche Bohrung der Mütze stecken und fixieren. Den Lärchenzweig an den Pelzrand der Mütze kleben. Zwei Schleifen aus Paketschnur auf die Schuhe kleben.

6 Den Weihnachtsmann auf der Bodenfläche fixieren, den Hund ergänzen und mit Heißkleber das Tuch an den Hals des Weihnachtsmannes kleben. Dazu den Stoffstreifen doppelt legen, ca. 1 cm von der Knickstelle entfernt mit dünnem Bindedraht umwickeln und die Drahtenden locken.

MOTIVHÖHE
ca. 41 cm

MATERIAL

- Sperrholz, 6 mm stark, 38 cm x 30 cm
- Sperrholz, 1 cm stark, 45 cm x 50 cm
- Acrylfarbe in Olivgrün, Hellbraun, Zinnoberrot, Terrakotta, Weiß, Metallic-Gold, Immergrün (Struktur), Hautfarbe, Schwarz, Antikblau, Lindgrün, Hellgrau, Schokolade und Goldgelb
- Rohholzhalbkugel, ø 3 cm
- Plusterstift in Weiß
- Strukturschnee, grob
- Paketschnur, ø 1,3 mm
- Bindedraht, ø 0,35 mm und 0,65 mm
- Stoffstreifen, 5 cm x 20 cm
- Stoffrechteck, 4 cm x 5 cm
- evtl. 2 Holzschrauben, Senkkopf, ø 3,5 mm, 3 cm lang (zum Festschrauben auf der Bodenfläche)
- künstlichen Lärchenzweig
- Bohrer, ø 1,5 mm, 3,5 mm und 6 mm (2 mm und 4 mm zum Vorbohren)

VORLAGEN-BOGEN 2B

Welch ein Chor!

→ ein Blickfang für die ganze Winterzeit

MOTIVHÖHE
ca. 49 cm

MATERIAL
- Sperrholz, 6 mm stark, 30 cm x 30 cm
- Sperrholz, 1 cm stark, 50 cm x 52 cm
- Acrylfarbe in Weiß, Terrakotta, Antikgrün, Antikblau, Zinnoberrot, Metallic-Gold, Mandarine (Struktur) und Englisch-Blau (Struktur)
- 3 Rohholzhalbkugeln, ø 1,5 cm
- Holzknopf, ø 3,2 cm
- Bindedraht, ø 0,35 mm, 0,65 mm und 1,4 mm
- Bastelfilzrest in Olivgrün
- Stoffstreifen in Rot-Weiß kariert, 1,5 cm x 16 cm
- Stoffrechteck in Rot-Weiß kariert, 7,5 cm x 7 cm
- Stoffstreifen, 12 cm x 45 cm
- Lackmalstift in Metallic-Gold
- Strukturschnee, grob
- Zweig, ca. 20 cm lang
- Birkenreisig
- evtl. 2 Holzschrauben, Senkkopf, ø 3,5 mm, 3 cm lang (zum Festschrauben auf der Standfläche)
- Bohrer, ø 1,5 mm (evtl. 2 mm und 4 mm)

VORLAGENBOGEN 4A

1 Die Möhrennase, die einzelne Hand, das Arm-Buchteil, den zusätzlichen Arm, die beiden Herzen, die Topfkante und das Ilexblatt-Beerenteil aus dem dünnen, den Schneemann, den Vogel, beide Füße und das Bodenteil aus dem dicken Sperrholz aussägen.

2 Die Rohholzhalbkugeln und alle Sperrholzteile wie abgebildet anmalen. Alle Bohrungen ausführen. Die Note mit Metallicstift in Gold aufmalen. Die Ilexblätter samt Beeren, den Topfrand, die Nase, die einzelne Hand, das Arm-Buchteil und ein Fuß von vorne aufkleben. Den zusätzlichen Arm ergänzen.

3 Die aus Filz zugeschnittene Tanne anbringen, den Flicken aufkleben, den Knopf ergänzen, vorher jedoch dünnen Bindedraht durch die Löcher fädeln, vorne verzwirbeln und die Drahtenden locken. Den zweiten Fuß von hinten ergänzen. Ein Stück Draht mittlerer Stärke doppelt legen, auf jedes Ende ein Herz kleben und die Knickstelle in die seitliche Bohrung des Buches stecken.

4 Ein kurzes Stück dicken Bindedraht in die seitliche Bohrung des Vogels stecken und fixieren. Dieses Drahtstück dient als Verbindungsstück zwischen Vogel und Buch. Dem Vogel und dem Schneemann einen Stoffstreifen um den Hals binden.

5 Den Schneemann auf der Standfläche fixieren. Den Hut und die Bodenfläche mit Strukturschnee betupfen. Ein kleiner, aus Birkenreisig gebundener Besen schmückt die Schneefläche.

Lichterkette

→ kostet etwas Zeit

1 Die Sterne (10 mal), die Lebkuchenmännchen (6 mal) und die Engel (4 mal) aus Sperrholz aussägen. Aus jedem Sperrholzteil die Innenfläche gemäß Vorlage aussägen. Dazu ein Loch (ø 6 mm) bohren und das Sägeblatt durchfädeln. Die Stege aus der Buchenleiste gemäß Vorlage zusägen, jedoch die erforderlichen Löcher vor dem Absägen bohren.

2 Die Sperrholzteile wie abgebildet anmalen, die Gesichter gestalten und die Lebkuchenmännchen mit Plusterstift in Weiß verzieren. Den Engeln etwas Paketschnur für die Haare aufkleben. Dazu etwas Bindedraht mittig um das Schnurstück wickeln, die Drahtenden locken und die Paketschnur aufzwirbeln.

3 Die Stoffteile gemäß Vorlage zuschneiden und hinter die entsprechenden Flächen kleben. Zwischen die jeweiligen Paare die Stege einkleben. Oben mit Bohrloch, im unteren Bereich ohne. In die Stege mit Loch wird vorher auf einer Seite ein Schlitz von ca. 3 mm gesägt (siehe Vorlagenbogen).

4 Die Lichter im oberen Steg vorsichtig einhängen.

MOTIV-HÖHE
Engel ca. 7,5 cm

MATERIAL

- Sperrholz, 4 mm stark, 45 cm x 45 cm
- Acrylfarbe in Hautfarbe, Antikgrün, Antikblau, Weiß (Wangen), Lachsrot, Metallic-Gold, Hellbraun und Mittelbraun
- Paketschnur, ø 2,5 mm, pro Kopf (Engel) ca. 4 cm lang
- Buchenleiste, 3 mm x 1,5 cm, 45 cm lang
- 10er-Mini-Lichterkette mit Schalter in Weiß (Innenbereich)
- Plusterstift in Weiß
- Stoff in Grün-Hellgrün kariert, 30 cm x 35 cm
- Bohrer, ø 6 mm und 8,5 mm

VORLAGENBOGEN 1A

Ein freundliches Rentier

→ für den Kübel vor der Tür

Anleitung Seite 24

MOTIVHÖHE
Rentier ca. 24 cm

MATERIAL

- Sperrholzrest, 4 mm stark
- Sperrholzrest, 6 mm stark
- Sperrholz, 1 cm stark, 18 cm x 28 cm
- Acrylfarbe in Hellbraun, Dunkelbraun, Terrakotta, Weiß, Antikgrün, Antikblau und Metallic-Gold
- Holzlatte, 3 cm x 1 cm, 55 cm lang
- Bindedraht, ø 0,35 mm
- Plusterstift in Gold
- 6 Metallglöckchen in Gold, ø 9 mm
- Stoffstreifen, 3 cm x 10 cm
- Bohrer, ø 1,5 mm

VORLAGENBOGEN 1B

WEITERFÜHRUNG

Ein freundliches Rentier

1 Die kleinen Sterne, die Herzen und die Tanne aus dem dünnen, die Nase und den großen Stern aus dem mittleren und das Rentier aus dem dicken Sperrholz aussägen.

2 Die Latte zuspitzen und alle Holzteile wie abgebildet anmalen. Die Streifen der Holzlatte sind 5 cm breit. Das Gesicht aufmalen und alle Innenlinien ergänzen. Die Nase aufkleben. Die Holzlatte mit Plusterstift in Gold ausschmücken.

3 Alle Löcher bohren. Die Kette aus Metallglöckchen und Sperrholzteilchen unter die Hände drahten und einen Stoffstreifen an den Hals kleben. Dafür den Stoffstreifen doppelt legen und ca. 1 cm von der Knickstelle entfernt mit Bindedraht fixieren.

4 Das Rentier und die Sterne auf die Holzlatte kleben.

Ein etwas anderer Nikolausstiefel

→ immer wieder verwendbar

MOTIVHÖHE
ca. 28 cm

MATERIAL
- Sperrholzrest, 6 mm stark
- Sperrholz, 1 cm stark, 60 cm x 50 cm
- Acrylfarbe in Weiß, Hautfarbe, Rubin (Struktur), Metallic-Gold, Lachsrot, Olivgrün und Hausergrün
- 2 Rohholzhalbkugeln, ø 2 cm
- Rundholzstück, ø 8 mm, 30 cm lang
- Strukturschnee, grob
- 2 Rohholzhalbkugeln, ø 8 mm
- 2 Holzzahlen, 6,3 cm hoch
- 2 x Holzbuchstaben, D, E, Z, E, M, B, E, R, 2 cm hoch
- Ilexgirlande, 52 cm lang
- 6 Holzschrauben, Senkkopf, ø 3,5 mm, 3 cm lang
- Bohrer, ø 2 mm, 4 mm und 8 mm
- Schraubzwinge oder Einhandzwinge

VORLAGENBOGEN 3B

1 Die Schnurbärte, die zusätzlichen Pelzränder der Mützen und die zusätzlichen Pompons aus dem dünnen, die Weihnachtsmänner, die Seitenteile und die Bodenplatte aus dem dicken Sperrholz aussägen.

2 Das Rundholz, alle Sperrholzteile, die Rohholzhalbkugeln, die Holzzahlen und die Holzbuchstaben wie abgebildet anmalen. Die Streifen des Rundholzstücks sind ca. 2 cm breit. Alle Innenlinien ergänzen und die Pelzteile mit Strukturschnee verzieren.

3 Alle Löcher bohren. Den Weihnachtsmännern die Pelzteile, die Nasen und die Schnurbärte aufkleben. Die Seitenteile mit dem Schriftzug bekleben. Auf jedes Rundholzende einen Weihnachtsmann schieben, die Kiste zusammenschrauben und beide Weihnachtsmänner an die Schmalseiten der Kiste leimen. Dazu eine Schraubzwinge oder Einhandzwinge verwenden, bis der Holzleim trocken ist.

4 Die Ilexgirlande auf die obere Kante der Seitenteile kleben.

Schaukelpferdchen auf Rädern

→ überall ein Hingucker

MOTIVHÖHE
ca. 38 cm

MATERIAL
- Sperrholzrest, 6 mm stark
- Sperrholzrest, 1 cm stark
- Fichtenleimholz, 2,8 cm stark, 40 cm x 45 cm
- Acrylfarbe in Antikblau, Weiß, Schwarz, Olivgrün, Terrakotta, Metallic-Gold und Antikgrün
- 4 Holzräder, ø 8 cm, Bohrung, ø 5 mm
- Rohholzkugel, ø 2,5 cm, Bohrung, ø 6 mm
- Rundholzstück, ø 5 mm, pro Achse 5,6 cm lang
- Rundholzstück, ø 8 mm, 10 cm lang
- 3 Rohholzhalbkugeln, ø 1,5 cm
- Goldkordel, ø 2 mm, ca. 80 cm lang
- Ringschraube in Messing, 8 mm x 4 mm x 1,8 mm
- Krakelier-Lack
- Bohrer, ø 1,5 mm, 5,5 mm, 6 mm und 8,5 mm

VORLAGENBOGEN 4B

1 Die Sterne und die Ilexblätter aus dem dünnen, die Sitzfläche aus dem dicken Sperrholz und das Schaukelpferd aus dem Leimholz aussägen. Für das Aussägen der Innenfläche ein Loch (ø 6 mm) bohren und das Sägeblatt durchstecken.

2 Alle ausgesägten Holzteile, die Rohholzhalbkugeln, die Räder, die Griffstange, außer die Achsen, antikblau grundieren, trocknen lassen, mit Krakelier-Lack bestreichen, nochmals trocknen lassen und wie abgebildet anmalen. Das Gesicht wie abgebildet gestalten und alle Innenlinien ergänzen.

3 Die Löcher für die Achsen und die Griffstange bohren. Mit einem dünnen Bohrer vorbohren, anschließend mit dem entsprechenden dicken Bohrer nachbohren. Da die Griffstange mehrfach bemalt wird, muss diese Bohrung etwas größer sein als der Durchmesser des Rundholzstückes. Für die Ringschraube ein kleines Loch in den Körper bohren.

4 Die Sterne auf die Kufe kleben, das Ilexblatt und die Beeren ergänzen und die Sitzfläche ankleben. Die Radachsen durch die Bohrungen der Kufe stecken und die Räder montieren. Die Griffstange durchstecken und fixieren. Die Ringschraube eindrehen, die Goldkordel durchfädeln und verknoten. Mit etwas Abstand zum Schnurende die Kordel nochmals verknoten, durch die Holzkugel ziehen und die Kugel mit einem weiteren Knoten sichern.

Advent, Advent, ein Lichtlein brennt

→ jetzt kann die Adventszeit beginnen

MOTIVHÖHE
Weihnachtsmann ca. 14 cm

MATERIAL
- Sperrholzrest, 4 mm stark
- Sperrholzrest. 6 mm stark
- Sperrholz, 1 cm stark, 25 cm x 20 cm
- Fichtenleimholz, 1,8 cm stark, 16 cm x 45 cm
- Acrylfarbe in Weiß, Antikgrün, Mittelbraun, Hellbraun, Antikblau, Terrakotta, Zinnoberrot, Goldgelb, Olivgrün, Schwarz und Metallic-Gold
- 4 Kerzenhalter aus Holz (mit Tülle und Tropfenfänger für Kerzen bis ø 1,4 cm)
- 4 Kerzen, ø 1,4 cm
- 12 Rundholzstücke, ø 8 mm, ca. 2 mm lang (pro Rad)
- Glimmerstrukturschnee
- Bohrer, ø 3 mm

VORLAGENBOGEN 2A

1 Der zusätzliche Mützenrand aus dem dünnen, die Eisenbahn aus dem mittleren, den Weihnachtsmann und beide Tannen aus dem dicken Sperrholz aussägen. Den Zwischenraum zwi-

schen Mütze und Mantel mit der Laubsäge aussägen. Dazu ein Loch (ø 3 mm) in die Fläche bohren und das Sägeblatt durchfädeln. Das Fenster der Lok genauso arbeiten. Aus dem Leimholz die Standfläche aussägen.

2 Alle Sperrholzteile, die Rundholzstücke, die Leimholzplatte und die Kerzenhalter wie abgebildet anmalen. Alle Innenlinien ergänzen und die Gesichter gestalten.

3 Der Eisenbahn die Räder aufkleben. Den zusätzlichen Mützenrand fixieren und mit Strukturschnee betupfen. Wenn alles trocken ist, den Weihnachtsmann, beide Tannen, die Eisenbahn und die zusammengesetzten Kerzenhalter fixieren. Die Standfläche mit Strukturschnee verzieren.

Hinweis: Die Kerzen niemals unbeaufsichtigt brennen lassen!

MOTIV-HÖHE
ca. 31 cm

MATERIAL
- Sperrholzrest, 4 mm stark
- Sperrholz, 1 cm stark, 22 cm x 35 cm
- Acrylfarbe in Schwarz, Metallic-Gold, Hautfarbe, Weiß, Terrakotta, Antikblau, Antikgrün und Olivgrün
- Langhaarplüsch in Schwarz-Weiß, 5 cm x 6 cm
- Marabufeder in Weiß
- Rohholzhalbkugel, ø 1,5 cm
- Bohrer, ø 3 mm

VORLAGENBOGEN 4A

Nussknacker

→ originelle Tischdeko

1 Die Hutspitze, den Hutrand, den Bart, die Schulterstücke, die Gürtelschnalle und beide Jackenaufschläge aus dem dünnen, den Nussknacker, die zusätzlichen Schuhe und die Standfläche aus dem dicken Sperrholz aussägen. Die Zwischenräume zwischen Arme und Körper und die Aussparung der Gürtelschnalle aussägen. Dazu ein Loch (ø 3 mm) in die Fläche bohren und mit der Laubsäge aussägen.

2 Alle Sperrholzteile und die Rohholzhalbkugel wie abgebildet anmalen. Das Gesicht aufmalen und die Innenlinien ergänzen. Die Hutspitze mit Feder, den Hutrand, die Nase, beide Bartteile, die Schulterstücke, die Gürtelschnalle, beide Jackenaufschläge und die zusätzlichen Schuhe aufkleben. Die Haare und den Bart aus Plüsch zuschneiden. Dazu zwei gleichgroße (ca. 3,5 cm x 1 cm breit) Stücke zuschneiden. Den Plüsch beim Zuschneiden scheiteln.

3 Für den Bart (5 cm x 3,5 cm) den gescheitelten Plüsch zuschneiden. Damit die Kanten nicht ausfransen, von hinten mit Flüssigkleber einstreichen. Die Plüschteile mit reichlich Kleber am Kopf fixieren. Den fertigen Nussknacker auf der Standfläche fixieren.

Weihnachtskette

→ beliebig verlängerbar

MOTIVHÖHE
Weihnachtsmann ca. 15 cm

MATERIAL
- Sperrholz, 6 mm stark, 30 cm x 25 cm
- Acrylfarbe in Terrakotta, Weiß, Hautfarbe, Olivgrün und Schwarz
- 2 Rohholzhalbkugeln, ø 1 cm
- 2 Metallglöckchen in Silber, ø 9 mm
- Bindedraht, ø 0,35 mm
- Baumwollkordel in Grün, ø 1 mm, 20 cm lang (pro Bein ca. 5 cm)
- Stoffrechteck in Rot-Weiß kariert, 3,5 cm x 7,5 cm
- Plusterstift in Weiß
- Strukturschnee, grob
- Bohrer, ø 1,5 mm, 2 mm und 6 mm

VORLAGENBOGEN 1A

Anleitung Seite 32

WEITERFÜHRUNG

Weihnachtskette

1 Alle Teile aus Sperrholz aussägen. Zum Aussägen der Herzen ein Loch (ø 6 mm) in die auszusägende Fläche bohren und das Sägeblatt durchfädeln.

2 Die Rohholzhalbkugeln und alle Sperrholzteile wie abgebildet anmalen. Die Gesichter gestalten und die Innenlinien ergänzen. Die Nasen aufkleben, die Mützen mit Plusterstift in Weiß verzieren und die Bärte mit Strukturschnee betupfen.

3 Alle Löcher bohren. Die Baumwollkordelstücke in die Schuhe stecken, fixieren und trocknen lassen. Ein Metallglöckchen auffädeln und die Beine einkleben. Die Tannen von hinten mit den Stoffstückchen bekleben.

4 Alle Teile mit dünnem Bindedraht zusammendrahten und die Drahtenden locken.

DIESES BUCH ENTHÄLT 4 VORLAGENBOGEN

IMPRESSUM

FOTOS: frechverlag GmbH, 70499 Stuttgart; Fotostudio Ullrich & Co., Renningen
DRUCK: frechdruck GmbH, 70499 Stuttgart

Auflage: 5. 4. 3. 2.
Jahr: 2011 2010 2009 2008 2007 [Letzte Zahlen maßgebend]

ISBN 978-3-7724-3624-6
Best.-Nr. 3624